BEI GRIN MACHT SICH IHR WISSEN BEZAHLT

- Wir veröffentlichen Ihre Hausarbeit,
  Bachelor- und Masterarbeit

- Ihr eigenes eBook und Buch -
  weltweit in allen wichtigen Shops

- Verdienen Sie an jedem Verkauf

Jetzt bei www.GRIN.com hochladen
und kostenlos publizieren

GRIN

Bibliografische Information der Deutschen Nationalbibliothek:

Die Deutsche Bibliothek verzeichnet diese Publikation in der Deutschen National-
bibliografie; detaillierte bibliografische Daten sind im Internet über http://dnb.d-
nb.de/ abrufbar.

Impressum:

Copyright © 2010 GRIN Verlag
Druck und Bindung: Books on Demand GmbH, Norderstedt Germany
ISBN: 9783346194183

Mariam Losaberidze

Das Dialogisches Prinzip von Martin Buber in der Pädagogik. Umsetzung und Anwendungsmöglichkeiten im Kindergarten

GRIN Verlag

Johann Wolfgang Goethe-Universität

Frankfurt am Main

Fachbereich 04
-Erziehungswissenschaften-
SoSe 2017

Hausarbeit

Martin Bubers Dialogisches Prinzip und seine Anwendung im Kindergarten

vorgelegt von
Mariam Budimir-Losaberidze

Frankfurt am Main. 29.10.2017

Inhaltsverzeichnis

1 Einleitung

In einer digitalisierten Welt, wo die Kommunikation zwischen Menschen immer mehr und mehr durch die Medien stattfindet, werden auch die sozialen Beziehungen der Menschen immer mehr vernachlässigt. Und darunter leidet auch der Dialog bzw. das Gespräch zwischen Menschen.

In meiner Hausarbeit möchte ich das Dialogische Prinzip von Martin Buber vorstellen und versuchen, meine Fragestellung: Inwieweit man das Dialogische Prinzip von Martin Buber im Kindergarten umsetzen kann, zu beantworten. Ist das überhaupt möglich? Wenn ja unter welchen Umständen?

Dialog[1] und Dialogisches Prinzip gewinnt heutzutage immer mehr Bedeutung. Besonders in der Pädagogik spielt der Dialog eine sehr große Rolle. Die Erziehungskonzeption, die als grundsätzliches Prinzip den Dialog annimmt, ist seit den 1920er Jahren mit dem Namen Martin Buber verknüpft. Im Mittelpunkt von Martin Bubers Erziehungsdenken steht die Beziehung zwischen einem Erzieher und dem Kind. Dennoch muss die dialogische Gestaltung zwischen den beiden erst gelernt werden. Die Notwendigkeit der Erziehung leitet Buber von der *Anthropologie, "Ein Menschenbild, nach dem Individuen nur im Dialog eine befriedigende Möglichkeit finden, zu wachsen und reifen."[2]*, ab. Das menschliche Sein lässt sich demensprechend durch das Doppelprinzip von **Urdistanz** und Beziehung herauskristallisieren.[3]

Wegen des Doppelprinzips des Menschseins kann es kein Ich an sich, sondern nur das Ich des Grundwortes **Ich-Du** und das Ich des Grundwortes **Ich-Es** existieren. Dies hat auch für das **erzieherische Verhältnis** wichtige Bedeutung.[4]

Bevor ich mich mit dem Dialogischen Prinzip auseinandersetze, möchte ich kurz über Martin Bubers Biographie und die Bedeutung des Chassidismus für sein Dialogisches Denken eingehen.

---

[1] Dialog bedeutet Gespräch zwischen zweien oder mehreren Personen. Auch als „ Zwiegespräch" bezeichnet. WAHRING Deutsches Wörterbuch, S.348

[2] Wolfgang Müller-Commichau, Intellektuelle als Pädagogen – Pädagogen als Intellektuelle, S.55

[3] Monika Kaminska, Dialogische Pädagogik und die Beziehung zum Anderen, S.19

[4] Hella Kirchhof, Dialogik und Beziehung im Erziehungsverständnis Martin Bubers und Janusz Korczaks, S. 94

2 Martin Buber Kurzbiographie

„Alles wirkliche Leben ist Begegnung."

(Martin Buber)

Der jüdische Religionsphilosoph Martin Buber wurde am 08.02.1878 in Wien geboren. Im Jahr 1881, nach der Trennung seiner Eltern, wuchs er bei seinen Großeltern im Lemberg auf. Sein Großvater Namens Salmon Buber forschte im Gebiet der chassidischen Tradition des osteuropäischen Judentums. Er war die wichtigste Bezugsperson für Martin Buber.[5]

Buber besuchte ein polnisches Gymnasium im Lemberg und studierte Philosophie, Kunstgeschichte, Germanistik, Nationalökonomie Psychiatrie und Psychologie an den Universitäten Wien, Leipzig, Zürich und Berlin. Martin Buber schloss sich der **zionistischen**[6] Bewegung an und wurde eine der wichtigsten Figuren der Bewegung. Er gehörte ebenfalls zu einer der bedeutendsten Religionsphilosophien Deutschlands. Ab 1924 übersetzte er zusammen mit Franz Rosenzweig die hebräische Bibel ins Deutsche und gab eine angesehene jüdische Zeitschrift heraus. Von 1924-1933 lehrte Martin Buber an der Universität Frankfurt am Main jüdische Religionsphilosophie. Im Jahr 1938 emigrierte Buber aufgrund des zunehmenden Antisemitismus und der Judenverfolgung durch die Nazis nach Jerusalem, wo er als Professor an der Hebrew University tätig war. Bis zu seinem Tode im Jahr 1964 widmete er sich der Erziehungsarbeit zuerst in Palästina und später in Israel. [7]

„Buber lebt diesen Ich/ Es-Ich/DU-Wechsel bis an sein Ende in Jerusalem. Immer wieder greift er ihn-explizit oder implizit- in zahlreichen Texten auf. Das Codewort für Martin Buber lautete deshalb: „Der Weg zu ich und Du"[8]

Im Jahr 1952 erhielt Martin Buber den Friedenspreis des Deutschen Buchhandels, darüber hinaus erhielt er auch Ehrungen aus aller Welt. Am 13. Juni 1965 starb er in Jerusalem.[9]

---

[5] Wolfgang Müller-Commichau, Intellektuelle als Pädagogen – Pädagogen als Intellektuelle, S. 54-55
[6] **Zionismus**: Bewegung für die Gründung eines jüdischen Nationalstaates.
[7] Monika Kaminska, Dialogische Pädagogik und die Beziehung zum Anderen, S. 31
[8] Wolfgang Müller-Commichau, Intellektuelle als Pädagogen – Pädagogen als Intellektuelle, S. 55
[9] https://de.wikipedia.org/wiki/Martin_Buber

Als nächstes möchte ich kurz über den Chassidismus und seine Bedeutung für Bubers Dialogisches Denken eingehen. Denn der Chassidismus ist die geistige Heimat von Martin Buber geworden. Er hat im Chassidismus alles gefunden, wonach sein Geist suchte. Er fand im Chassidismus seine „Weltverbundenheit".[10]

3 Die Bedeutung des Chassidismus für Bubers Dialogisches Denken

„In jedem Augenblick hat jeder Mensch einen echten Zugang zum Sinn des Daseins: eben das, womit er sich gerade, im natürlichen Gang seines Lebens, jetzt und hier abgibt. In der Heiligung dieses Jetzt und Hier, also in der leiblichen Einheit von Glauben und Leben, hat er den einzigen echten Zugang zum Sinn. Er wird diese Einheit freilich nur sehr unzulänglich verwirklichen; aber, wenn er in der Heiligung die ganze gesammelte Kraft seines Wesens einsetzt, hat er das Seine getan, das Weitere ist nicht mehr seine Sache. „

(Martin Buber)[11]

„Chassid[12]" ist in hebräisches Wort und bedeutet „Frommer". Im nachexilischen Judentum gab es immer wieder Gemeinschaften, die den Namen Chassidim, Fromme, getragen haben.[13] Der Chassidismus ist eine mystische Richtung im Judentum, die Mitte des 18. Jahrhunderts in Südpolen aufkam und sich rasch in Osteuropa ausbreitete. Der Kerngedanke des Chassidismus ist folgender*: "Es gibt nicht, was Gott nicht ist. Alles ist gotterfüllt, jedes Ding ermöglicht den Zugang zu Gott."[14]*

Martin Buber hat sich sein Leben lang mit dem Chassidismus beschäftigt. Er war von seiner Botschaft sehr bewegt und wollte dies an seine Mitmenschen weitergeben. Der Chassidismus betont das Gefühl in der Religion, dass der Mensch in der ständigen „Beziehung" zu Gott

---

[10] Werner Faber, Das Dialogische Prinzip Martin Bubers und das erzieherische Verhältnis, S.37

[11] Hans Kristian Kirch, Martin Buber Biographie eines deutschen Juden, S.63

[12] ***Der Chassidismus*** *ist eine jüdische religiöse Bewegung, im mittelalterlichen Deutschland eine mystische, aber populäre Parallelströmung zur **Kabbala** (eine mystische Tradition des Judentums). In der Mitte des 18. Jh. von Israel Elieser (1699-1760) begründeter osteuropäischer C., der aus Ressentiment gegen die offizielle, rabbinisch beherrschte Religion sich wieder an die volkstümliche, lebendigere Form der Kabbala des 16/17. Jh. annäherte/ WAHRIG Deutsches Wörterbuch, S.315*

[13] Hans Kristian Kirch, Martin Buber Biographie eines deutschen Juden, S. 55

[14] Hella Kirchhof, Dialogik und Beziehung im Erziehungsverständnis Martin Bubers und Janusz Korczaks, S. 16

steht. Somit wird ein unmittelbares Du-Sagen beziehungsweise ein Zwiegespräch zu Gott möglich. Diese chassidische Überzeugung gehört zum Haupthintergrund des **Dialogischen Prinzips** Martin Bubers. *„Diese Überzeugung gehört entscheidend zum Hintergrund des Dialogischen Prinzips, das mit seiner Umschreibung 'Ich und DU" zum ersten Mal im Vorwort der „Legende des Baalscheim" angedeutet wird"*[15]

4   Das Dialogische Prinzip nach Martin Buber

„Ich muss es immer wieder sagen: Ich habe keine Lehre. Ich zeige nur etwas. Ich zeige die Wirklichkeit, ich zeige etwas an der Wirklichkeit, was nicht oder nur wenig gesehen worden ist. Ich nehme ihn, der mir zuhört, an der Hand und führe ihn zum Fenster. Ich stoße das Fenster auf und zeige hinaus. Ich habe keine Lehre, aber ich führe ein Gespräch"

(Martin Buber)

Wie ich schon erwähnte, gilt Martin Bubers als Hauptvertreter des Dialogischen Denkens. Der Ansatz der Dialogischen Philosophie setzte im 20. Jahrhundert den Grundbaustein für ein neues Verständnis innerhalb der zwischenmenschlichen Beziehung. Nach Buber entsteht das Sein des Menschen nicht aus einem selbst, sondern erst im sogenannten "Zwischen". Der Mensch verwirklicht sich durch andere Menschen, da er durch andere Menschen erst zum Menschen werden kann.[16]

Für Buber ist die Begegnung wirkliches Leben. Begegnung zwischen zwei Menschen, zwischen einem *„Ich"* und einem *„Du"*, die im Dialog zueinanderstehen. [17]

„Dialogisches Leben ist nicht eins, in dem man viel mit Menschen zu tun hat, sondern eins, in dem man mit den Menschen, mit denen man zu tun hat, wirklich zu tun hat."[18]

Natürlich kann man auch sehr viel darüber diskutieren, ob Martin Buber sich in seinem Dialogischen Prinzip und seiner Ansicht über das „Erzieherische" nicht wiederspricht, aber wie man anhand meines Beispiels sieht, lässt sich dies auch sehr gut miteinander verbinden.

Buber versucht den Menschen in seiner Ganzheit zu sehen. Er versucht sich die Frage, was der

---

[15] Werner Faber, Das Dialogische Prinzip Martin Bubers und das erzieherische Verhältnis, S.35-36
[16] Hans Kristian Kirch, Martin Buber Biographie eines deutschen Juden, S. 101-102
[17] Werner Faber, Das Dialogische Prinzip Martin Bubers und das erzieherische Verhältnis, S.52-53
[18] Martin Buber, Das dialogische Prinzip, Ich und Du Zwiesprache S.167

Mensch sei, mit Hilfe des Dialogischen Prinzips, dem Kerngedanken seiner Philosophie, zu beantworten. Buber berücksichtigt dabei die komplette Lebenswirklichkeit des Menschen: die Beziehung zur Natur, zu den Mitmenschen und zu den geistigen Phänomenen. [19]

Für Buber führen uns die Beziehungen, die wir zu anderen Menschen haben, zum „ewigen Du", zu Gott hin.

„Dialog bedeutet aber mehr als Meinungsaustausch. Dialog fordert den ganzen Menschen. Für Martin Buber ist der Dialog der Ort der Begegnung von Ich und Du. Die Entwicklung seines „Dialogischen Prinzips" ist ein Philosophisches Abenteuer - und seine Einsichten sind gegenwärtig aktueller denn je "[20]

Bevor ich versuche, die Grundworte *Ich-Du* und *Ich-Es* zu erklären, gehe ich kurz auf die Urdistanz ein, denn die ist ein wichtiger Teil für das Dialogische Prinzip.

4.1 Urdistanz

*„Ich-Bewusstsein entwickelt sich durch die Erkenntnis der Wahlmöglichkeit des **Ich-Du**- oder **Ich-Es**-Sprechens. Der Begriff der **„Urdistanz"** bezeichnet also die Grundsätzliche Entscheidungsfreiheit des Menschen, unter verschiedene Seinmodi, der Welt zu begegnen, wählen zu können. "*[21]

In der Urdistanz zeigt sich für Buber das Prinzip des Menschenseins. Eigenständigkeit wird erst durch die Beziehung möglich, das heißt, die Beziehung ist die Voraussetzung dafür, dass die Menschen eigenständig werden. Die Fähigkeit der Distanzierung oder auch der Akt der Distanzierung besitzen nach Buber nur die Menschen.[22]

„Die Beziehung stiftet das Menschenwerden in der durch die Urdistanz geschaffenen Situation "[23] Dieser „Urdistanz" ist zielsetzend für Bubers **Dialogisches Prinzip**. Denn erst

---

[19] Werner Faber, Das Dialogische Prinzip Martin Bubers und das erzieherische Verhältnis, S. 54-44
[20] Hans-Werner Grimme, Ich-Du-Ewiges Du Religionsphilosophische Aspekte der Dialogik Martin Bubers, S. 32-33
[21] Hella Kirchhof, Dialogik und Beziehung im Erziehungsverständnis Martin Bubers und Janusz Korczaks, S. 95
[22] Werner Faber, Das Dialogische Prinzip Martin Bubers und das erzieherische Verhältnis, S. 59-60
[23] Hella Kirchhof, Dialogik und Beziehung im Erziehungsverständnis Martin Bubers und Janusz Korczaks, S.26

durch das Distanzieren hat der Mensch die Möglichkeit in „Beziehung" zu treten. Auch die Welt entsteht nach Buber erst dann, wenn der Mensch mit der Welt in eine Beziehung tritt. Wichtig ist dabei, dass der Mensch diese Welt in ihrer Ganzheit und Gesamtheit als Gesamtperson trifft. Wann, wie und ob überhaupt dies passiert, bleibt dem Menschen überlassen. Buber glaubt die Antwort auf die Frage nach der Verwirklichung des Menschseins in der **Beziehung** gefunden zu haben.[24]

4.2 Ich-Du

„Die Welt ist dem Menschen zwiefältig nach seiner zwiefältigen Haltung. Die Haltung des Menschen ist zwiespältig nach der Zwiefalt der Grundworte, die er sprechen kann. Die Grundworte sind nicht Einzelworte, sondern Wortpaare"[25]

(Martin Buber)

Was diese Fragestellung von Martin Buber genau bedeutet, *darüber ist viel diskutiert und spekuliert worden.* Um es genau verstehen zu können, möchte ich kurz auf die *Ich-Du* und *Ich-Es*-Grundworte eingehen. Eins kann man dennoch von oben erwähntem Zitat sagen, nämlich, dass das Sein des Menschen sich nicht aus seinem Selbst entwickelt, sondern auf dem *„Zwischen"* basiert.

Die beiden Grundworte *„Ich-Du"* und *„ich-Es"* sind Wortpaare. *„Wenn der Mensch ich spricht, meint er eins von beiden"*[26] Das hat zu bedeuten, dass das Prinzip des Menschseins ein Wechselverhältnis ist.

" Im Du-Sprechen ist immer das ich des einen und im Es-Sprechen immer das ich des anderen Grundwortes mitgesprochen. " Somit gibt es kein Ich oder Du oder Es an sich. *„Das Grundwort Ich-Du sprechen heißt, in Beziehung treten. Das Prinzip des Menschenseins, das dadurch verwirklicht wird, ist das dialogische Prinzip. Das Grundwort Ich-Es sprechen heißt, in Distanz erfahren und gebrauchen. Das dadurch verwirklichte Prinzip des Menschseins ist das monologische."*[27]

---

[24] Hella Kirchhof, Dialogik und Beziehung im Erziehungsverständnis Martin Bubers und Janusz Korczaks, S.26
[25] Martin Buber, Das dialogische Prinzip, Ich und Du, Zwiesprache S.7
[26] Martin Buber, Das dialogische Prinzip, Ich und Du, Zwiesprache S. 8
[27] Hella Kirchhof, Dialogik und Beziehung im Erziehungsverständnis Martin Bubers und Janusz Korczaks, S. 32

Das heißt, dass das Ich-Sagen des Menschen zwiefältig ist bzw. gibt es nach Buber kein *„Ich"* an sich, sondern nur das Ich des Grundwortes *Ich-Du* und das Ich des Grundwortes *Ich-Es*.

Noch einmal zu betonen ist, dass nach Buber die Beziehung nicht nur zwischen Menschen, sondern zwischen Menschen und einem nicht menschlichen Stück Welt existiert. Innerhalb der Welt der Beziehung unterscheidet Buber drei Sphären: Die Beziehung zur Natur, (Bäume), die Beziehung zum Menschen und die Beziehung zu den geistigen Wesenheiten.[28]

„In jeder Sphäre, durch jedes uns gegenwärtig Werdende blicken wir an den Saum des ewigen Du hin, aus jedem vernehmen wir ein Wehen von ihm, in jedem Du reden wir das ewige an. Alle Sphären sind in ihm beschlossen."[29]

4.3 Ich-Es

„Die Welt ist dem Menschen zwiefältig nach seiner zwiefältigen Haltung."[30]

Das Ich des Grundwortes *Ich-Es* unterscheidet sich von dem Grundwort *Ich-Du*. Für Martin Buber ist ein Ich ohne Welt ist nicht möglich. So kann ein **Ich** nur sein, wenn es in Relation ist, zum einen, zum **Es**. *„Ohne Es kann der Mensch nicht leben. Aber wer mit ihm allein lebt, ist nicht der Mensch."[31]*

„Monologisch lebend ist nicht der Einsame zu nennen, sondern wer nicht fähig ist, die Gesellschaft, in der er sich schicksalsmäßig bewegt, wesensmäßig zu verwirklichen."[32]

Auch die Erfahrung der Welt ist eine monologische Grundbewegung. Das heißt, dass der Mensch im eigenen Selbst verhaftet bleibt und nicht über sich hinauskommt. Der monologisch Lebende erkennt den Anderen nicht als Anderheit an, sondern vereinnahmt ihn, der Andere bleibt nur als das eigene Erlebnis bestehen, es geht lediglich um Selbstgenuss. Dieses Verhalten gegenüber dem Anderen nennt Buber „Rückbiegung".

---

[28] Werner Faber, Das Dialogische Prinzip Martin Bubers und das erzieherische Verhältnis, S. 70

[29] Martin Buber, Das dialogische Prinzip, Ich und Du, ZwiespracheS.10

[30] Martin Buber, Das dialogische Prinzip, Ich und Du Zwiesprache S. 35

[31] Martin Buber, Das dialogische Prinzip, Ich und Du Zwiesprache S. 38

[32] Martin Buber, Das dialogische Prinzip, Ich und Du Zwiesprache S. 167

„Die monologische Grundbewegung ist nicht etwa die Abwendung als Gegensatz zur Hinwendung, sondern die Rückbiegung „ [33]

5 Das Erzieherische bei Martin Buber

„Das erzieherische Verhältnis ist ein rein dialogisches." [34]

Martin Buber spricht in seinen pädagogischen Schriften nicht von Erziehung, sondern von dem *„Erzieherischen."* Um eine zwischenmenschliche Beziehung und Begegnung zu ermöglichen, setzt Buber in seinem Werk „Reden über Erziehung" (mit dem oben erwähnten Zitat) seine Dialogphilosophie in die Pädagogik um. [35]

Martin Buber erklärt die Begriffe *'Erziehung"* und *„erzieherisches Verhältnis"* in seinem Werk „Reden über Erziehung" folgendermaßen:
„Was wir Erziehung nennen, die gewußte und gewollte, bedeutet, einer Auslese wirkenden Welt durch den Menschen; bedeutet, einer Auslese der Welt, gesammelt und dargestellt im Erzieher, die entscheidende Wirkungsmacht verleihen. Herausgehend ist das erzieherische Verhältnis aus der absichtslos strömenden ALL-Erziehung: Als Absicht. So wird sie Welt erst im Erzieher zum wahren Subjekt ihres Wirkens" [36]

Buber sieht den Erzieher als „Vermittler der Welt." Dementsprechend wird Erziehung die Vermittlung zwischen Welt und Kind. So steht der Erzieher sowohl im Dienste des Zöglings als auch im Dienste der Welt. Ebenfalls spielt für Buber das Vertrauen zwischen Erzieher und dem Zögling eine sehr große Rolle. Denn ohne dies kann ein Erzieher nicht wirken. *'Die Welt, sagte ich, wirkt als Natur und als Gesellschaft auf das Kind ein. Die Elemente erziehen es, Luft, Licht, das Leben in Pflanze und Tier; und die Verhältnisse erziehen es. Der wahre Erzieher vertritt beide; aber dasein muss er vor dem Kind wie eins der Elemente"* [37]

---

[33] Martin Buber, Das dialogische Prinzip, Ich und Du Zwiesprache S. 171
[34] Martin Buber, Rede über das Erzieherische, S. 37
[35] Monika Kaminska, Dialogische Pädagogik und die Beziehung zum Anderen, S. 33
[36] Martin Buber, Rede über das Erzieherische, S. 36
[37] Martin Buber, Reden über Erziehung, S. 25

Buber sieht die Erzieher und Zögling als Partner. Sie stehen zueinander in dem Doppelprinzip Urdistanz und Beziehung.

„Immer neu suchte er zu vermitteln, dass lernende Lehrer eine basale Voraussetzung für lernende Schüler darstellen. Erst wenn die Lehrenden sich als Lernende verstehen, so seine Überzeugung, sind die Schüler zu vergleichbaren Selbstdefinition bereit. Das hörbare Ja zu eigenem Lernen, die grundsätzliche Offenheit der Pädagogen für neue Erfahrungen und Erkenntnisse, lässt Schüler stark werden. "[38]

Buber stellt in seiner „Rede über Erziehung" von 1925 ebenfalls klar, dass es wichtig ist, dass der schöpferische Trieb des Kindes, der „Urhebertrieb", sich an der Erziehung beteiligen darf, indem das Kind selbst seine Welt entdecken und Dinge herstellen kann.[39]

Meiner Meinung nach soll nach Buber das Ziel der Erziehung sein, dass der Erzieher dem Zögling die Teilhabe an der Welt und an der Gemeinschaft ermöglichen kann. Natürlich kann man auch sehr viel darüber diskutieren, ob Martin Buber sich in seinem Dialogischen Prinzip und seiner Ansicht über das „Erzieherische" nicht widerspricht, aber wie man anhand meiner Beispiele sehen wird, lässt sich dies durchaus auch sehr gut miteinander verbinden.

6 Anwendung von Martin Bubers Dialogisches Prinzip im Kindergarten

Nach der Darstellung des Dialogischen Prinzips von Martin Buber und seiner Sicht über das *„Erzieherische"*, habe ich mich auf der Suche nach einer Einrichtung bzw. Kindergarten gemacht, die bzw. der dieses oder ein ähnliches Prinzip im pädagogischen Alltag anwendet. Nach zahlreichen Recherchen bin ich auf die „Caritas Kinder- und Familienzentrum M." aufmerksam geworden. Nach dem ich die Leitung von M. kontaktiert und mir die Erlaubnis geholt habe, darf ich deren Konzept in meiner Hausarbeit verwenden. Die Leiterin war überaus nett und hat mir die komplette Konzeption der Einrichtung mitgegeben. An dieser Stelle möchte ich mich ganz herzlich bei der Leiterin von M. bedanken. Es war mir sehr wichtig, ein Konzept zu finden, in dem das „Dialogische Prinzip" angewendet wird. Wichtig war mir nämlich, meine Fragestellung: Wie setzt man Martin Bubers Dialogisches Prinzip im Kindergarten um, mit

---

[38] Wolfgang Müller-Commichau, Intellektuelle als Pädagogen – Pädagogen als Intellektuelle, S. 43

[39] Martin Buber, Rede über das Erzieherische, S. 8-10

Hilfe eines echten Beispiels beantworten zu können. Zunächst möchte ich aber das Kinder- und Familienzentrum M. und deren Konzeption vorstellen.

7 Konzeption: Kinder und Familienzentrum M.

Die Einrichtung entstand im Jahr 1997. Seit 2007 entwickelte sich die Einrichtung zum Familienzentrum (KiFaZ) und arbeitete nach **Early Excellence**[40] Philosophie. Zwischen den Jahren 2009-2011 fand eine Umstrukturierung im KiFaZ M. statt. Die Einrichtung hat eine Erweiterte Schulische Betreuung (ESB) eröffnet, sowie eine Krabbelstube für 1-3-Jährige.

Wie schon oben erwähnt, orientiert sich die Einrichtung am **Early Excellence Ansatz.** Zum Weitergeben und in-den-Alltag-Integrieren der EEC-Ansätze hat die Leiterin von M. die Ausbildung zur „Beraterin für Early Excellence" absolviert. In England sind Early Excellence Centers schon weit verbreitet und Studien zeigen, dass dadurch viele Fortschritte gemacht werden. Das Konzept von EEC besteht auf drei Leitlinien:

1. Das Kind steht im Zentrum der pädagogischen Arbeit mit seinen Stärken und Kompetenzen;
2. Eltern werden in die Bildungsprozesse ihrer Kinder einbezogen und arbeiten mit den Erziehern/-Innen zusammen.
3. Die KiTa öffnet sich als Bildungsstätte nach innen und außen für Familien in Übereinstimmung mit dem Erziehungs-und Bildungsverständnis des Hessischen Erziehungs- und Bildungsplans und dem Leitbild des Verbandes.[41]

Die Einrichtung kooperiert sowohl mit der Caritas Eltern- und Jugendberatung als auch mit der Katholischen Familienbildung Nordweststadt, die zusammen eine ressourcenorientierte Entwicklungsbegleitung sowohl der Kinder als auch für Mütter und Väter (zur Entlastung und Unterstützung im Familienalltag) anbieten. Alle Angebote sind kostenfrei für alle Bewohner/-innen des Stadtteils.

Erwähnenswert ist auch, dass das Konzept der Arbeit im KiFaZ M. auf der Überzeugung des gemeinsamen christlichen Glaubens basiert. 'Die *Liebe Gottes und sein positiver Blick auf die Menschen soll im zugewandten Blick der Menschen untereinander seine Fortsetzung erfahren,*

---

[40] Auch als (EEC) bekannt: ist eine Einrichtung, die die Eigenschaften einer Kindertagesstätte mit Gesundheitsvorsorge, Elternschulungen und gesellschaftlicher Integration verbindet: https://de.wikipedia.org/wiki/Early_Excellence_Centre

[41] Konzeption: Kinder und Familienzentrum M., S. 3

um jeden Einzelnen in seiner persönlichen Entwicklung zu fördern und Stärken"[42]

Laut dieser Überzeugung sieht die Einrichtung sich mit jeder Nationalität, Kultur und Religion verbunden.

Jedes Kind ist exzellent! So ist der Blickpunkt des Kindes derjenige der Einrichtung M.. Jedes Kind hat das Recht auf eine individuelle Entwicklung. Dies ist wichtig, damit die Kinder sich zu stabilen, einfühlsamen und sozialverantwortlichen Persönlichkeiten entwickeln. *„Kinder sind von Geburt an neugierig und aus eigenem Antrieb aktiv. Sie lernen in ihrem Tempo und auf ihre Art und Weise. Durch Forschen und Experimentieren und im Austausch mit anderen Kindern und Erwachsenen entdecken und erkunden sie ihre Welt"* [43]

Aus diesen Gründen hat die Einrichtung M. sich zur Aufgabe gemacht, die Umgebung und Situation im KiTa so frei zu gestalten, dass die Kinder ihre Welt alleine, jedoch mit Hilfe der Umgebung entdecken können.

Die Rollen der Erzieher werden in der Konzeption als: **Vorbilder, Beobachter, Begleiter/-innen von Bildungsprozessen, Organisator/-innen, Ansprechpartner/-innen und Interessenvertreter/-innen** dargestellt. Ebenfalls wichtig wäre zu erwähnen, dass auf den Dialog großen Wert gelegt wird.

Unter Punkt 3.3 (**Unsere Pädagogischen Strategien**) wird noch einmal als Schwerpunkt erwähnt, dass es sehr wichtig ist, den Kindern Entwicklungsfreiraum zu bieten. In der Interaktion mit Kindern wendet die Einrichtung die pädagogischen Strategien im EEC Ansatz von M. Whalley& Arnold (1997) an. *"Diese geben Anleitung für einen **Kind zentrierten Blick**, fördern die Selbstreflexion der Erziehenden und berücksichtigen dabei den persönlichen Stil".*[44]

8 Dialogisches Prinzip im EEC anhand Martin Bubers Dialogisches Prinzip

„Offenheit macht nicht konturlos, sondern eröffnet ein Profil, das sich immer neu aus Begegnungen speist"[45]

Wie ich oben erwähnt habe, arbeitet das Kinder und Familienzentrum „M." nach einem freien Konzept und legt sehr großen Wert auf die Elternarbeit. Sie wünschen sich, dass die Eltern im pädagogischen Alltag fest eingebunden sind. Genau das wird in dem erweiterten Konzept von

---

[42] Konzeption: Kinder und Familienzentrum M., S. 2
[43] Konzeption: Kinder und Familienzentrum M., S. 5
[44] Konzeption: Kinder und Familienzentrum M., S. 6
[45] Wolfgang Müller-Commichau, Intellektuelle als Pädagogen – Pädagogen als Intellektuelle, S. 40

Caritas 2017, *"Dialogisches Prinzip im EEC / Förderung von Erziehungspartnerschaft"*, das mir die Leiterin von M. auch zur Verfügung gestellt hat, dargestellt. Hier wird das Dialogische Prinzip von Martin Buber in Bezug auf das Gespräch in der Elternarbeit angewendet.

Zuerst einmal wird im Konzept festgelegt, was ein gutes und was ein schlechtes Gespräch ist. Am Beispiel des „schlechten Gesprächs" wird auf das Dialogische Prinzip von Martin Buber hingewiesen: *„Martin Buber (Dialogsphilosoph) spricht von „Vergegnung", wenn keine echte Begegnung in Gespräch stattfindet."*[46]

Ebenfalls wird dargestellt, wie wichtig das **Zuhören, die volle Aufmerksamkeit und ein ehrliches Interesse an dem anderen** bei einem Gespräch ist, damit daraus ein Dialog entsteht.

„Wir monologisieren mit detaillierten Berichten von Belanglosigkeiten und strapazieren dabei die Geduld des anderen"[47]

Am Beispiel von Martin Bubers Dialogischem Prinzip wird ebenfalls betont, wie wichtig eine „echte Begegnung" für einen Dialog zwischen Menschen ist. Denn wenn keine echte Begegnung zwischen Menschen stattfindet, besteht auch keine Ehrlichkeit und kein echtes Interesse füreinander. Und so werden auch keine guten Gespräche und kein Dialog entstehen.

„Wer von Herzen spricht, verzichtet bewusst darauf, den anderen zu beeindrucken" (Martin Buber)[48]

9 Resümee

Als ich mir vornahm, über das Dialogische Prinzip von Martin Buber zu schreiben, hatte ich noch keinerei Vorstellung, wie man dies im Kindergarten anwenden würde. Je mehr ich las und schrieb, umso schwerer erschien es mir. Denn aus meinen Einsatz vom Kindergarten hatte ich keine Erfahrungen mit dem Dialogischen Prinzip. Erst gegen Ende meiner Hausarbeit hatte ich, wie mein Professor Dr. Müller-Commichau sagte, den „AHA- MOMENT" und war in der Lage sowohl darüber zu reden als auch darüber zu schreiben. Es ist ein sehr komplexes Thema, das man sicher nicht auf dreizehn Seiten beschreiben und erklären kann. Dennoch habe ich das hier versucht.

Wie man sehr gut am Beispiel des Kinder- und Familienzentrums M. sehen kann, wird das Dialogische Prinzip von Martin Buber in Bezug auf die Elternarbeit angewendet. Dieser ist ein sehr wichtiger Teil für den pädagogischen Alltag. Denn ein guter Dialog mit den Eltern der

---

[46] Dialogisches Prinzip im EEC, Förderung von Erziehungspartnerschaft.
[47] Dialogisches Prinzip im EEC, Förderung von Erziehungspartnerschaft.
[48] Dialogisches Prinzip im EEC, Förderung von Erziehungspartnerschaft.

Kinder ist eine Voraussetzung dafür, dass die Erzieher auch in den Dialog mit den Kindern treten können. Wie man aus dem Konzept von M. herauslesen kann, hat das Konzept viel gemeinsam mit Martin Bubers Ansichten über das Erzieherische. Im Folgenden möchte ich anhand dieser Gemeinsamkeiten eine Parallele ziehen.

Als erstes sehe ich die große Verbindung zwischen dem Konzept von „M." und dem Dialogischen Prinzip bei Buber, die Liebe und Glaube an Gott. *„Die Liebe Gottes und sein positiver Blick auf die Menschen soll im zugewandten Blick der Menschen untereinander seine Fortsetzung erfahren, um Jeden Einzelnen in seiner persönlichen Entwicklung zu fördern und Stärken"*[49] So wie bei Martin Buber, dessen Dialogisches Prinzip ein Fundament des Chassidismus ist bzw. seinen Glauben an Gott. *"Es gibt nicht, was Gott nicht ist. Alles ist gotterfüllt, jedes Ding ermöglicht den Zugang zu Gott."*[50]

„Jedes Kind ist exzellent." Dieser Blickpunkt des Kindes der Einrichtung „M." weist darauf hin, dass jedes Kind ein Individuum ist und sich individuell entwickelt. Hier ist das Freispiel des Kindes im Kindergarten ein sehr wichtiger Aspekt. Denn im Freispiel entwickeln sich die Kinder individuell, ohne dass sich die Erzieher einmischen. Erzieher werden hier zum Beobachter bzw. Begleiter und bauen eine „Distanz" zu Kindern auf, was für den späteren Dialog mit Kindern eine Voraussetzung ist. Außerdem treten die Kinder beim Freispiel meistens selbst in den Dialog zueinander und somit lernen sie sowohl Kontakte zu knüpfen als auch einen Dialog aufzubauen. Die Erzieher als „Beobachter" und Begleiter unterstützen den Dialog als dritte, wenn sie die Notwendigkeit dafür sehen, zum Beispiel um Konflikte zu lösen. In diesem Punkt sehe ich sehr viel Gemeinsamkeit mit Bubers Dialogischem Prinzip. Denn Buber sieht den Erzieher als „Vermittler der Welt". So soll der Erzieher nach Buber dem Kind Freiraum lassen, seine Welt selbst zu erforschen und entdecken. *'Die Welt, sagte ich, wirkt als Natur und als Gesellschaft auf das Kind ein. Die Elemente erziehen es, Luft, Licht, das Leben in Pflanze und Tier; und die Verhältnisse erziehen es. Der wahre Erzieher vertritt beide; aber dasein muss er vor dem Kind wie eins der Elemente."*[51]
Wie man an dem Beispiel von M. sieht, wird das Dialogische Prinzip von Martin Buber im Konzept des Kinder- und Familienzentrums „M." aufgegriffen und laut Leiterin auch umgesetzt. Natürlich lässt es der Alltag im Kindergarten nicht immer zu, dass man dialogisch

---

[49] Konzeption: Kinder und Familienzentrum M., S. 2
[50] Hella Kirchhof, Dialogik und Beziehung im Erziehungsverständnis Martin Bubers und Janusz Korczaks, S. 16
[51] Martin Buber, Reden über Erziehung, S.25

mit Kindern und deren Eltern arbeiten kann. Denn oft hat man leider keine Zeit dafür, zum Beispiel aufgrund von Personalmangel. Dennoch ist es aber grundsätzlich möglich.

Somit kann ich meine Fragestellung „Inwieweit man das Dialogische Prinzip von Martin Buber im Kindergarten umsetzen kann und ob das überhaupt möglich ist? - Wenn ja unter welchen Umständen?" mit JA und mit entsprechenden Beispielen aus dem Konzept und der pädagogischen Praxis beantworten.

Man kann Martin Bubers Dialogisches Prinzip im Kindergarten, sowohl mit Kindern als auch in Bezug der Elternarbeit umsetzen und damit den Alltag für Erzieher, Kinder und Eltern erleichtern und auch ein wenig verschönern. Indem die Kinder den Freiraum haben, sich selbst zu entwickeln, wird für den zukünftigen Dialog, den sie im Leben führen werden, ein Grundfundament geliefert.

Das Dialogische Prinzip wird heutzutage sehr vielseitig eingesetzt. Die Forschungen zeigen, dass man mit der Dialogischem Pädagogik auch die Sprache der Kinder verbessern kann. Zum Beispiel mit dialogischem Vorlesen.

Ich bin sehr dankbar für diese Erkenntnisse, die ich aus meiner Hausarbeit gewonnen habe. Ich werde versuchen, nicht nur in meinen Beruf als Pädagogin, sondern auch als Mutter diese zu berücksichtigen und im Alltag umzusetzen.

Literaturverzeichnis

Grimme, Hans-Werner (2002): *Ich-Du-Ewiges Du. Religionsphilosophische Aspekt der Dialogik Martin Buber.* Stuttgart: Ibidem Verlag.

Ben-Chorin, Schalom (2004) Band 3. *Zwiesprache mit Martin Buber.* Gütersloh: Gütersloher Verlagshaus GmbH

Birkenbeili, Edward J. (1986): ***Verantwortliches Handeln in der Erziehung.*** *Eine Herausforderung für die Dialogische Pädagogik.*Bad Heilbrunn/Obb: Julus Klinkhardt Verlag.

Buber, Martin (1978): Urdistanz und Beziehung. Beiträge zu einer Philosophische Anthropologie. Heildeberg. Lambert Schneider Verlag GmbH.

Buber, Martin (1926): *Rede über das Erzieherische.* Berlin: Lambert Schneider Verlag

Buber, Martin (1973): *Das dialogische Prinzip, Ich und du Zwiesprache. Die Frage an den Einzelnen Elemente des Zwischenmenschlichen Zur Geschichte des dialogischen Prinzips.* Heidelberg: Lambert Schneider Verlag GmbH.

Buber, Martin (Hrsg.) (2005): *Reden über Erziehung, Reden über das Erzieherische Bildung und Weltanschauung über Charakterisierung.* Gütersloher Verlagshaus GmbH. Unveränderte Nachdrück der 11 Auflage: (1953) München, Lambert Schneider/Gütersloher Verlag.

Faber, Werner (1962): *Das Dialogische Prinzip Martin Bubers und das erzieherische Verhältnis.* Ratingen: A. Henn Verlag.

Kaminska, Monika (2010): *Dialogische Pädagogik und die Beziehung zum Anderen, Martin Buber und Jausz Korczak im Lichte der Philosophie von Emmanuel Levinas. Jüdische Bildungsgeschichte in Deutschland.* Band 7. Münster/New York/ München/ Berlin: Waxmann Verlag GmbH.

Kirch, Hans-Christian (2001): *Martin Buber. Biographie eines deutschen Juden.* Breisgau: Herder Freiburg Verlag.

Kirchhoff, Hella (1988): *Dialogik und Beziehung im Erziehungsverständnis Martin Bubers und Janusz Korczaks.* Frankfurt am Main. Haag+Herchen Verlag GmbH.

Mikhail, Thomas (Hrsg.) (2008): *Ich und du. Der vergessene Dialog.* Frankfurt: Peter Lang GmbH, Internationaler Verlag.

Maier, Robert E. (1991): *Pädagogik des Dialogs, Ein historisch-systematischer Beitrag zur Klärung des pädagogischen Verhältnisses bei Nohl, Buber, Rosenzweig und Grisebach.* Frankfut am Main. Peter Lang Verlag GmbH.

Müller-Chommichau, Wolfgang (2012): *Intellektuelle als Pädagogen- Pädagogen als Intellektuelle. Baltmannsweiler:* Schneider Verlag Hohengehren GmbH.

Müller-Commichau, Wolfgang (2003): *Verstehen und verstanden werden. Ethische Perspektiven in konstruktivistischer Pädagogik.* Mainz: Mathias-Grünewald-Verlag.

Paul, Wolfgang (2010): *Martin Buber. Ein Leben im Dialog.* Berlin: Hentrich & Hentrich Verlag.

WAHRING (2005) *Deutsches Wörterbuch.* 7 Auflage. Güntersloh/München: Wissen Media Verlag GmbH.

Internetseiten

https://de.wikipedia.org/wiki/Martin_Buber
https://de.wikipedia.org/wiki/Early_Excellence_Centre

BEI GRIN MACHT SICH IHR WISSEN BEZAHLT

- Wir veröffentlichen Ihre Hausarbeit, Bachelor- und Masterarbeit

- Ihr eigenes eBook und Buch - weltweit in allen wichtigen Shops

- Verdienen Sie an jedem Verkauf

Jetzt bei www.GRIN.com hochladen und kostenlos publizieren